Versanti

Vanni Bianconi
Sono due le parole che rimano in ore

Edizioni Casagrande

Opera pubblicata con il contributo
finanziario del Cantone Ticino
derivante dall'Aiuto federale per la
lingua e la cultura italiana,
della Fondazione svizzera per
la cultura Pro Helvetia e del Percento
culturale Migros.

www.edizionicasagrande.com
ISBN 978-88-7713-778-4

Progetto grafico:
Marco Zürcher, studio CCRZ

a loren
e simone
spoladore

Sono due le parole che rimano in ore

Cursore

Immensee

Dopo cinquanta chilometri in bicicletta –
passato da Küssnacht e, finalmente
lo posso usare in poesia, da Immensee,
che poi magari è solo una variante lirica
della cacofonica Interlaken,
ma non lo so lì non sono stato,
e altri paesini con regole loro e la loro benzina,
si chiama Benzin, Agrola, Ueli,
bottiglie verdi attaccate a ogni guardrail,
gatti in agguato nei prati dove si raccoglie
la frutta di stagione, mele, pere e prugne,
e la presenza della Rigi che sempre invisibile
mi è stata davanti, a destra, dietro, a sinistra –
e due altri laghi, torno sul primo, quello grande.

Sotto la strada sulla riva vedo un albero
che ha un nome ma accontentiamoci di dire
che ha della betulla e del salice in sé,
foglie in caduta libera fitte come muscoli:
scendo e avvolto dal verde aggrovigliato
di altre piante e un prato piano lungolago
c'è un ostello, una birra, traghetti molto lenti;
mentre come un trampoliere tiro la gamba
l'immensaa nuvola solida si apre,
il sole rigira le increspature d'acqua
in una striscia che oscilla e che dondola
sotto la mia panca come un'anatra quando
il grigio atmosferico se lo afferra tutto, tutto,
tutto come un crampo a chilometri da casa.

Il drago in cima al Mattalp, Pilatus

Ci sono due cocuzzoli:
su quello occidentale
dove sono seduti dei vecchietti
c'è una lunga croce in legno,
sull'altro, un po' più alto,
un cartello-rosa-dei-venti
che indica i quattro punti cardinali
e quindi, mi rassegno
sedendomi lì sotto,
una croce la disegna pure lui –
ma almeno voltata verso l'alto
loderà il dio delle correnti e i vuoti d'aria.
Però la cosa importante
non è questa diatriba tra parrocchie
(dentro la mia testa, come se la ridono
invece i vecchietti soddisfatti)
ma notare come sono in balìa entrambe –
forzata in una curva innaturale
l'alta croce massiccia,
illeggibile perché tutto ruggine il cartello –
di cosa non c'è ma è stato qui e ci torna.
Come il tipico distico che chiude una poesia.
Più giù strisciano per centinaia di metri
le gabbie delle protezioni antivalanga...

Il gioco dei quattro cantoni

Il gruppo di tedeschi non ha ancora esaurito
l'argomento goloso degli aperitivi
da dove viene il pesto buono con il burro
e queste meraviglie i cornichon
ma anche osservazioni universali
che mi sfuggono; la deutsche vita.

A un estremo della tavolata da picnic
in cima alla vetta raggiunta in cremagliera
io, ahimè, vesto scarpe da kung-fu,
calzoni da pescatore thai, leggo *Station Island*
(e con qualche vuoto, così pare, di attenzione).

Nell'angolo opposto uno svizzero tedesco,
amico loro, a torso nudo ma per una fierezza
senza dubbio metafisica,
parla poco e se lo fa tentenna,
ingrossa la voce e ride da solo a metà frase,
le parole che non sembrano venire
gliele prestano loro e con esse senso compiuto
o spirito. Completa la scenetta
la cinese che si siede nel solo posto libero,
di fronte a me, mastica placida
un hamburger che le scalpiccia nella bocca.

Siamo su una montagna divisa tra Waldstätten
originari della Svizzera, che è nata con un patto
proprio sul Lago dei quattro cantoni giù qui sotto.
E allora facciamo che le nostre fazioni
sono quelle che oggigiorno occupano gli angoli
nel gioco omonimo: se lo ricordi sai
che sovverte lo spazio aperto
o cozza coi divieti casalinghi ma ti dà

la libertà sfrenata di associarti,
armarti di comunella e intuire
patti che duravano la corsa
da una parete all'altra, agitati come mosche
o dita sull'aperitivo della vita.

Per giocare bisogna essere in cinque.
Al centro della stanza starebbe il conducente
della cremagliera che porta giù la gente,
annuncia la durata del tragitto e traducendosi
in inglese esita uguale dopo quei
«trenta minuti» e lo si sente che potrebbe
trattarsi di due o tre minuti in più o in meno
e che fa fatica, lui, a tradire
la nostra fiducia passeggera.

Volpetti dal 1890

Ettore o Omero o Ovidio, Oreste?
Il vecchio della rosticceria Volpetti
non il padrone piuttosto
l'illicenziabile e decrepito,
«ho fatto laboratorio» mi dice
dopo una spiegazione articolata
e interregionale della coppa –
che parte del porco e come si chiama,
capocollo in italiano lonza
in romanesco coppa stagionata in toscano
e in veneto qualcosa di strano –
mentre nella busta mi infila un'altra cosa
ma che coppa si chiama pure lei
e è deliziosa.

Si muore in la minore
(quindi senza usare i tasti neri)

Con il nonno lungo il lago calmo

Con il nonno lungo il lago calmo
e sotto il cielo terso e tra
montagne limpide e i salici
non piangenti che crescono
dall'acqua del lago
tra sterpi nitidissimi e il discorso
piano fino a quando iniziamo
a salire, attraversato lo svincolo
che porta allo sfacelo
e alla bruttura di villette
capannoni industriali
cantieri e altri svincoli:
su per gli scalini stretti
ha un colpo d'età e sincerità
che accostate offrono un'approssimazione
di saggezza, e parla
di quell'evento che, come
in Maupassant, non lo molla non
gli lascia vedere le cose come prima
(da vent'anni a questa parte)
e del distacco graduale e sereno
dalle cose, la tv (più di venti
anni fa), i progetti di studio
(l'ultimo non ancora concluso –
quegli sconosciuti distanti secoli
loro sì sanno farsi ascoltare
in modo rispettoso),
la stampa locale ma anche internazionale
(si illumina quell'attimo
quando dico la puoi leggere sul kindle),
come un savio un po' sordo
al ventricolo che dubita
se davvero può sospendere

l'intermittenza, mantenere un battito pacato
e indolore, evitare il conflitto
e la tensione attraverso una magnanima
risoluzione – ma per una volta
non faccio o non ripeto la domanda,
e ecco parole che scendono al fondo
come sassi nel lago calmo,
la solitudine, l'amico
che gli manca, questo sentiero è il loro,
parole come lacrime
arano il solco della guancia, stanca,
la sua, la mia, e la richiesta
quando la bambina, la mia, la sua,
riceverà quel che le lascia
(e la speranza che la gioia che lei vive
a quattro anni le dia forza
negli anni senza gioia),
e torna indietro di altri anni,
venti e ancora venti, quando
già vedeva tutto quello che qui sotto
mica c'era, il polverone del rimorchio
in circolo sullo sterrato,
fabbrichette, svendite,
senza orgoglio e con lo stesso dolore
che anche questo primo di settembre,
tra stragi in Ucraina, Siria, Iraq,
Palestina, porta a Auden
sullo scoppio della guerra,
l'uomo collettivo erige malato,
l'uomo privato e sensuale non ama
vuole essere amato, e noi due ci alziamo dalla panca
per qualche passo ancora
sul suo sentiero sul mio sentiero.

Poesia in settembre

Se fossi stato qui l'avresti visto,
il cenno di saluto tra gli amici
che hanno passato insieme un giorno, o anche una sera
anche qualunque, e il tempo morto
prima che tutti si allontanino; si svuoterà
la casa, il teatro, il prato, la città – qualcuno
ancora insieme sale al lago Ritom
tra nebbia cinese, nubi d'Aberdeen
e marmotte di Piora, fa il giro dell'acqua,
coglie un mirtillo, la willowherb
e scende sulla seconda funicolare più ripida d'Europa,
senza tenersi al palo con il palmo
tremando nel capofitto dell'istante che si supera
sonda la leggerezza dell'aria della valle
sonda la leggerezza dell'aria della valle
di Leventina, Altanca e delle Antille.

Loren Clio Mila

Hai tre nomi
tre te ne abbiamo dati
come tre gomitoli di storie:
una di suono la o la r la e
dei tuoi cognomi
una di senso che schiocca
se la storia ha inizio
una di colore cielo e luce
dalla Russia bianca,
e li dipana il tempo e appaiono
presenze invisibili prima
anagrammi e rime, il nome intero
di una nonna attorno a questo,
un paese degli avi nell'altro
o il nero al contrario incontro al bianco,
ma solo uno dei tre avvolge il tempo
in un gomitolo di voce, di corsa,
di braccia fini strette strette
per fonderti alla tetta, alla guancia,
disegni pieni di dita e di gote
lettere conquistate segreti solletichi
opinioni, la «parura», le domande
e le scoperte, e lo dipana in una storia
come quella che hai annunciato ieri
tutta dritta sul muretto:
trasparente. E noi
i due punti innamorati in ascolto,
la sostanza in cui la storia
cresce trasparente: niente.

Il buio ripristina cosa la luce non ripara

«Darkness restores what light cannot repair»
leggo sull'isola di luce dove ombre
tornite dalle onde volteggiano a ali aperte
e scacciano in picchiata il gabbiano
bianco del pensiero che tu ci sei ancora.
Se le penne degli uccelli incidono
le ultime parole, le eliche del drone tra di loro
levigano il cielo come la lapide
a cui va aggiunto il terzo nome.
L'ombra delle acacie è una rete stesa a asciugare
sulla spiaggia dopo una pesca magra tra i ricordi.
Le fregate si spostano a cercare altri muti.
Un ragazzo nero cieco guarda il mare,
si decide a entrare e io a tacere sull'isola
dove mille immagini valgono una parola,
la parola è la tua, la tiene stretta la gola.

Pudore

Anfisbena

La ragazza dalla schiena lunga, lungo il collo e tutto
e un padre di passaggio tornato nel deserto,
curve da negra affusolate da anni di eroina,
lei che ha usato tutto il mio dolore
è l'ultima donna che ho amato in italiano.
Quasi vent'anni senza rima cuore amore.
Poi corazòn tienes razòn, ora siamo a heart
I'm doing my part. Am I? Sono a Trinidad da solo.
In Europa è inverno in ogni lingua,
qui e nel cuore la stagione è asciutta
ma le precipitazioni tropicali, lo sono
sempre state e il primo giorno ha resuscitato
tutte quelle di una vita, la mia,
così furiose e rimosse che mi chiedo se lo sia.
La risposta strisciava oggi nel patio, ha infilato
una delle sue due teste dentro il muro, e via.

Se vuoi una poesia d'amore

Se vuoi una poesia d'amore
ti vuoi insediare dietro
gli occhi di un uomo chino
che ti guardano da così vicino;
vuoi, qui, sì, a fior di foglio
serrare le labbra attorno a un ritmo
che urta l'inguine del bianco,
l'unico che di noi si salva.
Se vuoi una poesia d'amore
è perché attraverso il morso
con tutto il mio respiro
hai inghiottito le parole,
vuoi vedere dove le dovrai seguire
quindi se erano scandite
tutte per dare corpo a te.
Se vuoi la scrivo una poesia d'amore,
dice: i tuoi occhi sono il corto-circuito
la voce un arco elettrico
l'aria prende fuoco non smette di bruciare
se il conduttore non oppone resistenza,
e: lasciami condurre, amore.
Ma se vuoi una poesia d'amore
la penna spinge la mano in fondo al foglio
un uomo nudo che cade dal letto,
esce, odora di torba e terra infiammata
scura perché lei non si svegli
(il suo sonno così leggero così allerta),
densa perché lui non vede
che una notte se apre gli occhi.
Se vuoi una poesia d'amore
fatti sotto senza sapere dove sono
siedi dove ho guardato la tua schiena
discendere comprimersi e crescere nell'onda

perfetta, in quelle stanze anonime
sono le maree a far crescere la luna
e piena la ingoiano, le lenzuola trattengono
il peso impossibile dei fianchi
in quel momento come gli si sono immersi dentro
e in ogni direzione.
La poesia d'amore è scritta
sul lenzuolo, ti dice: perdi
la direzione è una sola tu sei multipla
non ti mutilare sei perfetta come sei
anche gli assassini che ti tieni dentro
uccidono solo se alle strette, anche la chiaroveggenza
che ti tiene in pugno ha bisogno di due occhi
e la poesia lo sa, lei procede verso la sua fine.
Se vuoi una poesia d'amore, ama
il bianco quando scrivo
l'inchiostro è solo la saliva
che fa scivolare la lingua dentro il bianco
e perdi la direzione
l'hai superata prima ancora che il tempo
si zittisse, e le risposte sono qui
come le tue ginocchia da bambina contro il collo
sono più agili delle domande che reggono la testa.
Il collo brucia ancora e la testa mi cade
e si alza nella gioia che stringi tra le spalle
hai lo stesso odore ovunque
è la profondità del suolo
e il bitume in fiamme; è il suo nerofumo
che segna la pagina, noi siamo
l'alito che respirato dà corpo,
e immobilità in ogni direzione
e calma sul fondo del furore. E pure, è chiaro,
la paura la paura la paura
che inganna per farci sentire
la stessa cosa nello stesso istante, mentre
siamo quella cosa stessa

e inghiottiamo il tempo: che tornerà
quando ci fermiamo, per percuoterci e fissarci
col suo povero incantesimo, futuro, passato, presente.
Sei immobile nel salto amore
senti l'aria che ti scivola contro
ha la temperatura del tuo corpo.
Se vuoi una poesia d'amore
tutti questi colpi neri
li hai appena pronunciati
e le parole erano le tue.

Se voglio una poesia d'amore

Se voglio una poesia d'amore
non mi conosco sono il passo a mezz'aria
se voglio una poesia d'amore
ti do ordini perché duri il crampo
se voglio una poesia d'amore
i tuoi piedi sono sul mio corpo perché sentano che tutto vive.
Se non si muovono è perché lo sai
nelle tue parole lunghe, e nelle tue parole corte lo sai
e senza parole lo sai.
E se voglio una poesia d'amore mi conoscerò
e farò il passo, il corpo
ordinato, le parole strette alla tua bocca, alla guancia.
Non voglio una poesia,
amore. Sento i tuoi passi immobili dall'altra parte
della terra. Sono
i miei passi, i miei magari, i miei mai, gli ok gli allora
il mio sì. Sono qui. Se
ti muovi la terra gira e l'assenza prende velocità,
se salti affondo,
se tutto vive tutto si muove e spicca il salto senza sosta.
Immobile entra
nel mondo non opporrà resistenza, non ha centro
non uscire da te stessa sei
un centro da cui tutto esce in cui io entro.

L'amore sotto l'amore

Ecco cos'era, che mi spinge a soddisfare
il suo bisogno di parole aeree e sfrontate
che travalicano le povere cose che ci diamo
prevaricano su cosa non immaginiamo;

ecco cos'era a farle sfinire cosa la circonda
mentre rivelato come lei l'ha visto risponde
con avarizia, bisogno, servilità vendicativa,
cosa la porta a definirsi pazza, drogata e cattiva;

ecco cos'era che la ingombra in ogni azione,
giù gli scuri, sfondo di televisione,
la schiaccia a letto sveglia i giorni e le notti;
ecco cos'era che lucida i suoi discorsi molli

così che lo scontro di slogan contraddice
quel che ha fatto della sua vita cimice
e getta un riflesso impossibile e lo prendo per vero
e qualche volta ho pregato; ecco cos'era

che dispiega il suo corpo sotto il mio e infinita
fa roteare la voglia di lei e crescere in picchiata
il mio nel suo sesso la lingua nella bocca dell'ano.
L'opprimente ala buia dell'angelo.

(Le bruissement de l'aile de Gabriel).
(Fruscio dell'ala di Gabriele).
Vivere all'ombra divina del mostruoso. Non si può.
Senza non posso continuare a amare. Potrò –

e si ride e ci si accetta cercandosi ansiosi,
le parole ghirigori d'anima, sensuali, animosi –
stringermi alle gambe di femmina d'umano
ma con il suo perdono.

Encore (*more*)

Dichiarazione d’amore a occhi chiusi per A.

Ti ho vista in un filmino di famiglia,
la nostra, sei così stanca che lo sguardo fisso
del computer che ci filma sembra
battere una palpebra pesante mentre
io preparo la nuova agitazione
e ogni battito di ciglia frinisce
per farmi sgranare gli occhi.

Ti ho vista in un filmino nostro
così bella abbandonata su una sedia
da dove ti stavi quasi per alzare
ma poi ritardi il mondo oscillando
la carezza nera dei capelli
e io ti porto un uovo che ti piace,
o è una pesca, un qualche cosa che collide.

Ti ho vista così stanca e così bella
oggi che ho chiuso le palpebre al mercato
e ho pianto per niente
il niente che sta attorno
e si riempie delle esitazioni
delle pause di chi non deve sempre
passarle tutte le corsie per una pesca.

Apro gli occhi e non ti vedo
e non oso, per un po’, girarmi
poi non lo faccio perché non
è al tuo sguardo che mi appoggio
per l’impulso del salto
ma fragile nell’aria tesa
cado e salgo, sono calmo.
Mi ripeschi?

Nota a piè di immagine

La palpebra dell'onda si chiude,
lente si allungano come le schiume
le tue ciglia – ritrose, malmostose,
o come all'inizio delle nostre cose.[1]

---

[1] Perché ti penso sempre con gli occhi chiusi?
Siamo a un oceano di distanza e i fusi
sono sfasati, da te fa notte prima,
ma è sempre stato così e se ero la tua rima

poi col tempo una nota a piè di pagina,
e di quelle che spiega cosa il personaggio immagina,
da lontano la vera differenza
è mancare l'appuntamento senza dividere la stanza.

I tuoi occhi, aperti, sono un obiettivo
che non trova l'istante per la foto, o la riva
se il mare si ritira, iridi lucide
per un po', ancora per poco, adesso asciutte.

No. Ecco l'esempio di nota al piede.
Né vale dire che tuo è l'occhio che vede.
Solo il mare non si satura di restituire immagini
che siano d'amore cielo vele indagini:

noi diventiamo opachi, e fissi, e mi giuro
di cercarti di giorno come fossimo al buio –
pure un po' curvo, la testa che imbianca,
i passi incerti ma acquatica l'anca

se sente che hai spostato l'aria, e il plesso
si avvolge per perdere se stesso,
come le onde, sì, queste onde, ma di notte,
se riprendono il largo dopo rotte.

Strappo al legamento

Dieci d'amore sono tanti anni
un corpicino nella pancia si forma
in nove sole settimane poi il neonato
si manifesta con personalità
e ecco già il linguaggio anche lui
meno flessibile se cresce
di volume, così dei nostri dieci anni
dentro e fuori dal tuo ventre
in pochi mesi ci fissiamo come ossa
tessuti membrane, costrutto ermafrodita
non originario ma legislativo
di precedenti e di sentenze e appelli
o un homunculus di tendini che flettono
e riflettono una pace coniugale –
ma sono gli scudisci in verità
della fine e della trasformazione –
«là mi darai il mano» cantavi
quando la nostra lingua era alle origini
lo scrivo e ti vedo come eri
tra lacrime diciamole amniotiche ora
che caduto di nuovo in pochi mesi
ho strappato il legamento della spalla,
recidiva che ti accorda l'aumento capitale
della pena, oppure il suo raddoppio
nella compassione liminale,
inaudita: amami non malgrado
ma perché sono ricaduto,
se per la prima volta in rima ti chiedo
di darmi la mano là
dove la mia non arriva.

Gattomachia

Un gatto mi entra in giardino
da un buco sotto la staccionata di lì
e è grigio, l'altro è nero e salta
sopra quella di là, se lo fanno
contemporaneamente, come capita,
o uno è già qui quando spunta l'altro micio
ogni tanto è una schermaglia di occhi gialli
o irosi inseguimenti tra i miei fiori ma sempre
andrà a finire con la fuga grigia nel suo buco –
da cui, se il nero incalza, spunta ancora
l'artiglio e un soffio. Quando ho un gatto
solo, in giardino, mi ronza intorno.

Uno in particolare si appollaia in alto e fissa,
in genere me, se lo guardo mi miagola in faccia.
Se mi sposto il gatto, nero o grigio, si sposta,
mai troppo vicino, mai troppo lontano.
Se entro in casa arrivano a graffiare il vetro
della porta, e si miagola e cristona. Se provo
a carezzarli, grattargli la testa oppure
a portare un po' di cibo, siam matti!, sgusciano
e filano i gatti: nessun contatto. Mi siedo.
Ne riappare uno appollaiato. Sembra far
rumore apposta così saprò dov'è ubicato
(di norma, dietro, a sinistra).

A una distanza di sicurezza. Estremamente
presente, mai coccolato. Significativo
e mai capito. Appuntito. Ripetitivo
nell'inaspettato. Ammirato. Sarà mica
così che voglio essere letto? – sarà mica
così che volevo essere amato.
Mi chiedevo cos'avrebbero fatto

mentre scrivo di loro e arriva
dal buco quello grigio e scava
e caga guardandomi accovacciato. E sia,
copro di terra questa mia poesia. Ma
l'unghia contro il vetro ascoltala è la mia.

Ore del giorno

«Noi lo chiamiamo odio, ma è solo sofferenza,
la vena che riporta
il dono delle arterie alla partenza».
Valerio Magrelli, *Sul circuito sanguigno*

«Quanta intesa e dolcezza si è persa per strada in questi anni, chissà perché,
chissà dov'è finita».
Norma Bianconi, 7 gennaio 2015

«Only weakened and failing states treat these crimes as acts of war».
Simon Jenkins, «The Guardian», 7 gennaio 2015

«Je n'aurais rien à regretter».
Michel Houellebecq, *Soumission*, 7 gennaio 2015

Il mattino

Passi che si avvicinano di corsa,
li senti anche disteso, anche se dormi,
e sempre più vicini come un conto
alla rovescia accelerante e quando
qualcuno forza piano la maniglia
lo sai, anche se dormi sei all'erta
si tende il fianco e il braccio si sospende
tra il suo lenzuolo e la tua pelle, e quando
si fa silenzio sai che è per il salto
che ti prende lo stesso di sorpresa
fra le costole e strappa di repente
il sogno di essere cosciente, il centro
di un'esistenza assopita, ampia e ferma,
e apri gli occhi nei suoi i suoi grandi occhi
che ridono per tutto quello che
può fare a te e alla mamma per svegliarvi
con le piccole dita, segreti, urli,
anguilla sadica d'amore che
osserva le reazioni delle scosse
importune che dà al cuore che l'ama.
E siete svegli, e cantano gli auguri
tra i piumini tua figlia e la sua mamma
imbarazzati come quando il solo
luogo comune è un luogo comune
ma anche contenti di svegliarvi insieme.

Sono uscite, la lotta con il giorno
si è spostata man mano da quel letto
nell'armadio, la stanza di là, in bagno
poi di sotto caffè fiocchi e le giacche
come echi sempre più lontani e il clac
della porta che sigla il loro avvio
nel mondo e ora tu puoi aprire gli occhi.

Dov'eri esattamente un anno fa?
Nessun'idea. Ci torni in pomeriggio.
La nonna della parrucchiera giap-
ponese da una vita segna tutto
quel che fa in un diario, solo i fatti,
le date, le sue cose ripetute
di giorno in anno in anno quasi uguali.
Presi 2 kg di riso al mercato.
Shukishi San è passato a trovarmi.
Forse l'agosto del '45
ha scritto un po' più in piccolo; mai niente
di Londra dove vive la nipote
che ti ha lavato i capelli e i ricordi,
la goccia trema sul ciglio, le labbra
tra il deglutire il seno e lo sbadiglio.
Sbadigli, e per pisciare ora ti alzi.
In Giappone si deve «legger l'aria»
per non essere espliciti o diretti
e tenersi sul limine del limite;
lei, da anni a Londra, non ne è più capace.
E tu? Lasciamo perdere, va' là.
Ricevi dei messaggi, auguri dolci
o amari, leggi, scrivi, ti prepari
per il giorno e qualcosa da mangiare.

Come il poeta dice dica Nietzsche
è tra il nemico e sé il punto ideale
per osservarsi, e visto che è da lì
che vi osservi, nemico devi credere
chi hai a cuore, nemico, per amore.
Per dirne una, reduce da feste
al paese natale, i genitori.
I passettini che compi in pazienza
loro li superano in incertezze,
nuove, accennate, quasi impercettibili
per loro, ma sei tu che non ci arrivi:

sono quello che sono, e tutto quello
che sono stati, allo stesso momento,
se sono cose che sembrano escludersi,
be', tertium datur, cambiano i parametri
e sessant'anni compongono un'ora
del tempo entro il cerchio familiare.

Quanti ricordi? Una manciata scarsa.
Di tuo padre, la faccia sbigottita
quando davanti a casa con l'amica
scoppi a piangere, il primo «no» d'amore,
o quando, ancora prima, un bimbo, l'hai
preso da parte per parlare, consolarlo
di cosa non capivi ancora, il tarlo,
e gli occhi d'alta montagna alla terza
persona che ti dicono «il Bianconi
ce la farà anche questa volta», bene.
E di tua madre, niente; sensazioni.
Il punto di calore al vero centro
del corpo mentre vi parlate, dite,
un presente assoluto – e, ora, muto.
Sai però che vorrebbe esser sepolta
nel prato dietro casa sotto l'albero
appena sotto la Faura dei morti,
un bosco che protegge coi racconti:
quando era piccola lei, le parlava,
di giovedì, con voce cieca d'ava.

Chiedono spesso «chi ti credi di essere?»
vorrà anche dire «non credi che siamo?»,
il bianco tra puntini disuniti,
pausa prima di «allora me ne vado».
Prova a essere te stesso e loro insieme.
Una lite non è più sincera o
va più a fondo: fa male, male, punto.
Prova a proteggere chi ti vuol bene.

«Anche a me fa arrabbiare ultimamente,
quando mi morde il culetto e continua
anche se a me non mi piace per niente».
Tua figlia, quattro anni, unita al coro,
motivi bimbi, adulti il modo e il tono
come leggendo *Il vaso di Pandora*:
«Non c'erano gli adulti? Voglio vivere
lì allora, con senza mai fare in ordine».
A proposito, inscatola la roba –
e mentre fai i bagagli ti racconto:
siamo a Troia, tremila anni fa. O
a Parigi alle 11 e 30.

Il mezzogiorno

Asia Minore. Ma è la Misia, è il civico
sbagliato, sono al 6 di Rue Appert
(Nicolas, longevissimo inventore
delle conserve alimentari ermetiche).
Regna Telefo qui, sposo di Iera,
si dice fosse più bella di Elena,
che per questo l'*Iliade* non ne parla
(ma tante fonti lo dicono: i greci
sbarcati lì per sbaglio l'hanno invasa,
il re è ferito, e guarito, da Achille).
Sparano un colpo al 6, che sono archivi
e al 10 erano ancora tutti vivi.

Il primo a morire è Protesilao.
Di nuovo una questione di indirizzo,
era il suo primo giorno in quell'immobile,
si è alzato presto, viveva lontano
da Paris, arrivarci un lungo viaggio;
gli han chiesto a che piano è Troia. Non so,
avrà risposto l'impiegato, addetto
alla manutenzione, non custode
(le fonti differiscono al riguardo),
il collega l'ha preso tra le braccia
quando è caduto e l'ha portato in salvo
nell'ufficio lì dietro ma per niente.
La sua era la casa delle correnti
d'aria, dice uno del paese: porte
sempre aperte. La multinazionale
ha proposto un minuto di silenzio,
420.000 impiegati
ti danno 7.000 ore, quasi
un anno di silenzio e uguale a niente
(han fatto scena muta i portinai?

Squillavano i telefoni o qualcuno
alzata la cornetta respirava?);
suo fratello Podacre ha da ridire
che è come secondario tra le vittime.
Qualche anno fa ha messo in fuga due tizi
che gli volevano rubare il camion,
non è che una simmetria tra le tante;
al villaggio dipingono un cartello
«A notre Fredo» dice, «A notre Fredo».

Come il firmamento taciturno di insetti
luminoso nel sole basso mattutino
fa gravitare le rondini attorno a sé come pianeti
con battiti di piccoli cuori, di ali
aguzze e becchi: stridono le sfere
stringono il cerchio ingoiano il centro
e infilano la tangente dentro il muro.

In quel momento appare sulle scale
una donna che esce dal giornale
sotto assedio e che ha con sé la chiave,
era scesa per prendere sua figlia
o era scesa a fumare. «Com'è vero
che il fumo uccide» sarebbe la satira
se per essere tale l'essenziale
è dissacrare, stupire, ferire.
Ma soprattutto dissacrare: e se
sacro fosse il diritto non di essere
rispettati, bensì di rispettare
e così contravvenire al dovere
di bestemmiare perché si può fare?

Come di lì a poco in ogni funerale
vedere la bara che affonda nella terra
fa fluire un'onda di sangue al cuore e il cuore
pesa, così capita ai tre nell'ascensore

quando si aprono le porte al piano,
il piano che tra l'altro era sbagliato,
allora scorrono ancora sangue nelle vene
e battenti nei binari e le dita
sulla tastiera, scatta la serratura e sono entrati.

Dentro, la redazione era in riunione.
Torte, uno aveva il compleanno, giochi
di parole, disegni e discussioni:
Soumission di *Houellebecq*, *jihad*, *banlieues*.

Come l'aria calda dentro in auto
condensa a contatto con il parabrezza freddo
e mostra l'acqua che sappiamo che è nell'aria
che respiriamo, abbiamo sempre in bocca
e nei polmoni, ma un po' lo dimentichiamo,
così un buon numero degli argomenti
appena discussi si materializza lì in ufficio
con AK-47 e lanciarazzi in mano.

A loro volta parlano anzi gridano
prima il nome del dio che stanno per
ferire, poi «Echépolo!», così
si chiama il direttore del giornale.
Lenti spesse, un ragazzo senza età
che si alza piano e con voce che non
ti aspetti così bassa dice Echépolo
c'est moi e come voleva muore in piedi.

Come l'ala del passero incastrato sbatte
contro il vetro singolo della finestra
e non si può dire quale è più fragile
e sul punto di spezzarsi.

Il fantasma di Echépolo ritorna
in maggio sotto forma di un suo libro

o di opinioni, che un'età ce l'hanno.
Il fantasma di Echépolo è convinto
che sia paternalistico evitare
l'ennesima gratuita umiliazione
a chi è umiliato, oppresso e marginale;
e non solo: così si compromette
la libertà di parola. Ma allora
non evita il dissidio alla radice
la libertà di reticenza? Scegliere
di piangere se un altro uomo piange –
faccende di coscienza attraversate
ignaro da un fantasma se è astrazione.

Come quando le porte della metropolitana
stanno per chiudersi di scatto e i vagoni
emettono il concitato segnale di chiusura
ma le porte sono ancora aperte e non sai
se saltare dentro o stare, così
non sai se sarai intuitivo e lucido
o in panico di paralisi quando
qualcuno di cui vedi solo gli occhi
ti punta un fucile in faccia –
per lo più entrambe le cose, sei così lucido
da simulare il panico, attenerti al protocollo.

Proteggere la gente, ce l'aveva
nel sangue Elefenorre e forse si è
buttato contro i colpi per proteggere
Echépolo colpito: uccisi entrambi.
Suo fratello gemello è poliziotto
anche lui (e i cartelli scriveranno
che «siamo tutti sbirri»); Elefenorre
ne aveva viste di battaglie, Libano
Bosnia Cambogia Afghanistan ma ora
passava il tempo in campagna a arredare
casa di oggetti trovati e souvenir,

a far la siesta con la figlia May
sulle ginocchia, a far correre i mesi.
Compiva gli anni da lì a quattro giorni.

Come quando stai per schiantarti con la bici
simultaneamente conscio di ogni dettaglio,
incapace di intervenire anche su uno solo.

La nonna lo chiamava «petite teigne»,
lo battezzarono Simoesio per
il fiume Simoenta che la tinea
guarisce, o almeno è così che si dice.
Lui due cose credeva di far bene
ed erano il disegno e l'amicizia.
Così aveva dei modi da orsacchiotto
ma mai paura di aprire la bocca,
cercava di far ridere perché
poi rimanesse l'imbarazzo in bocca,
frequentava le prigioni e i processi
per cogliere rapporti umani ai margini,
Simoesio è caduto bocca a terra,
quarto nome caduto nella guerra.

Come quando si rifà uno sforzo
fatto il giorno prima o di recente
ma ora sotto il sole cocente il respiro
ci nutre appena come se il palato
suda e l'aria goccia nella cavità oleosa.

Leuco ha creato un festival di viaggio
di carnet di disegni e di persone
che viaggiano e disegnano i carnet;
anche stavolta ha portato un prosciutto
a Democoonte che l'ha dato al cane.

Sette giorni ai settantasette anni,

Democoonte ha già perso suo figlio,
Democoonte è un gentile, occhi candidi,
un sorriso di cancro malizioso,
un personaggio di Democoonte
«Mon Beauf» è nel dizionario francese.
Democoonte ospite dei lettori
girava le province per cercare
cosa non gli piaceva, signorotti
locali, convenzioni sociali, è
che il reportage può essere più empatico
e sfumato, l'attualità è crudele.
Gli sarebbe piaciuto essere più
crudele, a Democoonte, che spesso
rideva anche se non c'era da ridere.

Come un libro intitolato
Meursault, contre-enquête
dà voce senza nome
a chi non è stato ucciso
sotto il sole sulla spiaggia
senza nome, l'arabo fratello
dell'arabo senza nome ucciso.

Discreto e pudico il *kabil* Dïore
è nato a Ait Larba, si nascondeva
per leggere (Baudelaire), dei missionari
l'hanno educato e preso in biblioteca.
Arrivato a Parigi percorreva
i posti che conosceva dai libri,
recitava poesia spesso par coeur.
Correggeva le bozze del giornale,
lui col suo accento berbero corregge
l'amata lingua francese e i suoi errori.

Allora, raccontatemi di Piro,
l'unica donna uccisa nello scontro,

la prima ebrea, la psicoterapista:
di lei anche se atea praticante
parla un rabbino e il rabbino dice, Piro,
Dio forse è già sul tuo divano, «Allora,
mi racconti» gli dici mentre il fumo
della tua sigaretta cuce nuvole
sopra la nostra testa – che il tuo nome
vuol dire «sarto» in arabo e in ebraico.
Allora, raccontatemi di Piro,
l'unica donna uccisa nello scontro.

Come passare altrimenti da un morto
al vivo che sta per morire?

Con l'ultimo disegno come sempre,
c'è qualcosa che lo urta, scandalizza,
ecco un'immagine gli sorge in testa
e solo allora cerca il testo, un tratto
verbale, e solo allora ecco disegna,
Fegèo, con il suo stile da incisione
su legno che non deforma: carezza,
Fegèo educava il suo occhio senza sosta.
Suo l'ultimo disegno dal giornale,
«Et surtout la santé!» quella mattina,
di Fegèo che era sempre dalla parte
del più debole e spesso si chiedeva
se si può vivere senza usurpare.

Come ogni tanto sono le nuvole
che attraversano un aereo
e ogni tanto il suo suono un cielo vuoto.

Hodio, l'economista, sosteneva
la gratuità per vincere la crisi
spinto da spiriti senzadio, Marx,
Keynes, '68, Houellebecq, Rieumes-Savères,

e sogni razionali, incubi reali
di mercato, eco-politici mali.

Festo è nato in Tunisia da una franco-
italiana e un polacco entrambi ebrei,
il padre ucciso nel '36, Festo
ha detto: «il suo fantasma non mi ha mollato
per tutta la mia vita», e: «il paradiso
è popolato di idioti che credono
che esiste» e ha detto: «il cammino più corto
da un uomo all'altro è lo humour» e alla moglie:
«getterai le mie ceneri nel cesso
così ogni giorno ti guarderò le *fesses*»
e albeggerà di rosso la moquette.

Come avranno fatto
a incidere il suo nome col refuso
sulla targa commemorativa.

Un figlio della Senna St. Denis
compiva gli anni il giorno dopo, era alto
1 e 75, riservato
e modesto Scamandrio, è un poliziotto
ma nessuno in quartiere lo sapeva,
ufficialmente Ahmed, a casa Hocine,
per gli amici a Livry-Gargan è Memed.
Nulla gli valse l'arte delle armi
con l'arma di servizio (e per i tagli
neanche i proiettili per allenarsi
spiega Rocco Contento, il commissario)
contro le armi da guerra, lo feriscono
quando a terra si arrende lo finiscono:
«Ci vuoi far fuori?» gli hanno chiesto. Lui:
«No, capo, no» alza la mano, Scamandrio,
ed è un'esecuzione il colpo in testa.

Come un'esecuzione il colpo in testa.

E che astrazione questi due fratelli,
le loro gambe nere o gli occhi dolci
e le grida e il grilletto, morti come
gli altri morti prima di averli uccisi.

Il pomeriggio

I

Scatole del divorzio, coi tuoi beni
dentro e sul fondo la speranza rotta.
Impilate in soffitta: non in vista.
Ultimo sguardo alla casa investita
da spazi da riempire, gesti di altri.
Muto, ma anche perché sei lì da solo.
Sordo, e a Parigi accadrà ancora.
Die resi die resi e si nere si.
Goffo la chiave tra le mani, sono
le ultime volte che la infili, poi
lei cambierà la serratura e tu
la consumi scrivendo su una pietra.
Cieco, le lacrime. Ci vorrà tempo
per poter piangere. Ci vorrà tempo
per smettere negli anni della rabbia.
La porta è chiusa e tu sei in strada. Vai.

Shelley House, Burns House, mattoni di sporco,
sembra polvere umida pressata;
la biblioteca dei Bethnal Green Gardens
(dove nessuno è mai entrato o uscito),
polvere di mattone e gli scoiattoli,
il monumento ai civili caduti
qui sotto in fuga da artiglieria amica
coi loro 173 nomi,
Stairway to Heaven si chiama il Memorial.
Il grande incrocio, la chiesa che invita
ai corsi per parlare in lingua, pub,
cocktail bar, fritti, materiali edili.
Look left, turn right, qui ogni strada è un codice.
Ecco Achilles House, Priam, Hector, Antenor,

valigie, aperte, gettate in giardino,
una sedia a rotelle rovesciata,
alti i gabbiani vorticano simili
a ciglia nel lavello di mattina.

Dita nel guanto colorato, quattro,
separate, salutano e sorride
oltre la sciarpa e il collo della giacca
sembra guardarti e a te si mozza il fiato,
qui non si fa: tiri dritto e il respiro
s'apre un paracadute grigiofumo
(un qualcosa evitato per un soffio).

Quelli prima del tuo sono i casoni
più impressionanti, coi nomi dei màrtiri
di Tolpuddle, Hammet House, Loveless House.
Casa tua. Welcome to your life, again.
Sul campanello un nome standard, Friedland,
uguale in tutti i nuovi appartamenti,
la chiave gira e entri, lasci il primo
carico di bagagli, i libri, e esci
nel bianco che succede a questo verso.

In una situazione nuova trovi,
prima, cosa conosci. In una faccia
o nelle voci facce e voci di altri,
e così con gli scorci, con le strade,
e forse le opinioni. Se sei perso
la tua prima risorsa è la parola,
letta o detta, per addomesticare,
quindi tirare le somme anche, e escludere.
Lettere come dita tra le dita.
Parole come labbra sulle palpebre.
Ma come chi ti amava, o chi amerai,
proprio parole e lettere ti portano
pure dove da solo non arrivi.

Allora cosa capita se leggi
un verso di poesia e quel che è scritto
si bilancia nel resto della pagina?
Si accende il suono, come un'autoradio
a alto volume quando metti in moto.
Il senso spinge, e qualcosa resiste,
tra una realtà da cui sarà partito –
quasi uno spazio, un luogo più comune
popolato di crucci e tizi muti
e prolissi, altrettanto finti e veri –
e il tempo, che si siede nelle forme,
nei metri che si è scavato a sua immagine,
ma che arrivato in fondo al verso arranca,
brancola dentro la sua fine, sia
morte, risurrezione o solo muta –
e suoni, tropi e toni sono qui
a unire cosa è in bilico su questo
di là, il trito di lì, e è sfibrato
dall'ego, il dilaniato, dall'ellittico
gratuito o dalla compassione a cottimo,
e dalle rime di significato.
E poi a capo e poi daccapo, come
nella vita se e quando – fai una scelta;
– qualcosa cambia senza farlo apposta;
– sei perso per un po' e quasi diverso.

2

La vecchia chiave nella vecchia toppa.
Altri bagagli, tutto quel che stava
nei cassetti, gli armadi o su in soffitta,
più leggeri e scomodi di prima,
fai una pausa ogni pochi passi
per migliorare la presa e l'appoggio.
Le arcate sotto i binari dell'overground,
che tagliano la città in curve lente,

sono riempite dall'accidentale –
officine, i pezzi di ricambio,
depositi che invadono la strada,
associazioni, vulcanizzazioni
e i tunnel per rientrare nella norma.

Questa città è una sequenza di muri.
Le case a schiera vittoriane sono
muro davanti muro dietro e un tetto
poi solo divisioni interne, niente
fondamenta, poggiate sulla terra
compattata e aria o su un letto di cenere
sono due muri lunghi con finestre:
guarda queste due strisce che convergono
oblique, cento porte di colori
diversi e un punto di fuga soltanto.
Fai fatica a passarci coi bagagli.
Arrivi ai due casoni a forma d'Y
(che in inglese si legge *why*, «perché?»)
dove i punti di fuga sono tre
ma per l'interno: appoggi le valigie,
entri, la scala al centro è elicoidale
a raggi alterni, un gioco di ombre in alto:
timpano in una gola dentro un'iride
ti dici, «are you fucking mad» ti chiede
la ragazzina sessantenne, tuta
rosa e faccia strizzata, «fucking mad?»
perché hai lasciato le valigie sole,
per dimostrarlo apre quella più grande
e fruga nel passato che trafughi.

Te lo trascini dietro per quei metri
tra la George Loveless e la tua di casa,
la porta è quasi blindata, marrone,
la serratura profonda, efficiente
come l'isolamento, dentro non

si sente niente, i rumori né il freddo.
Il cortile comune e l'erba finta
sono due piani sottoterra, guardi
giù dalla stanza che sarà la tua
e apri le valigie per vedere
se manca qualcosa del tuo passato
se manca qualcosa dove hai mancato.

C'è qualche cosa che ti tira scemo.
Se ascolti me, è il senso compiuto: è
la tentazione del significato
l'archeologia della via dove vai
teleologia dell'uomo che ora sei.
La psiche e la materia sono amiche,
si ascoltano e si parlano e diffidano
del magnifico, alato e conclusivo.
Sono terribili gli angeli. E triste
è piangerne l'assenza dentro gli angoli
muti dove sembrava ti parlassero.
Tu cerca – il loro silenzio ostinato;
– la famiglia da oggi senza l'«am»;
– nomi per chi non avevi sentito:
è la terza persona e è uomo e è donna.

3

La chiave chiude, terza e ultima volta,
porti i bagagli con i tuoi vestiti.
Verde pistacchio avevate dipinto
la vostra porta – e la bimba: di tutti
i colori di gesso il marciapiede,
era un intero viaggio interstellare,
razzi asteroidi personaggi vari,
rischi di collisione ad ogni porta,
poi piogge di meteore hanno ridato
il suo selciato neutro al vicinato,

questo: le lastre di cemento grigio
con un alone di un altro colore
di ogni marciapiede in Inghilterra
su cui il trolley viaggia che è un piacere.
Anche se se ne va per non tornare.
Lasciare scorrere il proprio bagaglio
sul filo dell'istante, questo è quanto.
La mano ferma attenta ai cambiamenti
nel terreno apre o tira più o meno,
attraverso il bagaglio è nel presente:
qui la radice ha crepato l'asfalto,
la terra è umida o secca nel parco,
sullo scalino tocca fare un salto,
un'auto frena, uno scende e ti insulta
ma chi passa via a piedi è dalla tua
«are you alright?» con una mano aperta.
Apri la tua poi torni alla tua sporta,
vai per la tua strada. Apri gli occhi. Chiudili.
Se sei davvero qui sei anche altrove.
È tutto quello che puoi fare. Poco,
passa lungo le cave, o niente, scendi
il cielo è sgombro mentre i lampi illuminano
l'altro crinale della tua montagna,
buchi nei buchi dell'asfalto, i neon
nelle scale dei casoni si accendono,
i trolley sull'acciottolato traballano,
entra, ferma. Apri gli occhi un po' più a lungo,
c'è molta luce che tocca le cose,
l'appartamento è quasi una vetrina,
che quantità di spot in plafoniera.
Spingi nell'angolo le tue valigie.
Prova il fornello, la luce nel bagno.
Chiudi gli occhi, è passato un anno. Due.
Un angelo. Un amore o due. Qualcuno
vive nel vano rifiuti. Tua figlia
prega dèi greci prostrata per terra,

un corpicino un'anima, non chiede
niente ma solo dice: grazie.
Grazie.
Grandi finestre al pianterreno, libri,
piante, sì, ma sei visto e vedi in strada.
È un riflesso che vedi o una persona?
La sua anorak appiccica, è bagnata
ma oggi non pioveva, i pantaloni
della tuta senza forma e le gambe
rigide e larghe, si è cagato addosso?
Parla come leggesse sul tuo vetro.
Sei o non sei tu l'uomo emaciato che
all'ora di cena o quella senza tempo
inciampa come quei suoi versi liberi?
I tratti si assomigliano o confondono,
e se lo vuoi ascoltare te la dedica,
Venga il tuo regno, credo che si intitola.

La sera

Sono l'uomo attonito
maestro del disappunto
anche l'ombra violacea sull'occhio
anche il torpore delle tue dita
tutto sarà a tuo favore
sei la donna fortunata
puoi arredarla in ogni dettaglio
scegliere l'acqua o uno stato di ipnosi
prolungarla quasi all'asintoto
o muoverla a piacere nel tempo
la fine di cosa eravamo
e allora entro in scena io
l'uomo del sogno a occhi aperti
l'uomo dopo la fine
mi ricordate come quello violento
mi guardate negli occhi
cavi dell'uomo vuoto
la paglia che mi riempie è bruciata
era l'ormeggio gli uncini del tempo
anche una mamma una sorella un amore
fanno il loro tempo e sono vuoto
dentro di attese o cause e conseguenze.

Con una vindjakke appiccicosa
e pantaloni del training sformati
cammino a gambe rigide e larghe
come mi fossi cagato addosso
per le vie attorno a quella che era
casa mia casa nostra e piove
ho rotto ogni arto più volte
ma come un'ombra triste
uno zombie urbano di quelli che esistono
faccio per sempre la ronda

attorno agli interni che ho disertato
il più delle volte non visto
un turista dal mondo dei dimenticati
dei deboli dei delusi
con gli occhi acquosi di pioggia
cerco la casa che vi protegge
costruita insieme all'uomo che ero
quando mi imboccavate di paglia
cantavate piano ai miei capelli in grembo
mi avete dato la vostra vita in pegno
risolute per mantenere l'impegno
a darmi un capanno in giardino.

Non vi ho mai amate
come vi amo adesso
in modo sopportabile
né vi ho mai amate
nell'unico modo che mi è concesso
cancella ogni limite ogni tratto
l'informe essere congiunto
informa il mondo non c'è distinzione
tra eventi psichici e materia
e ogni cellula si unisce, meiosi
e incrocio esterno, divento chi sono
stato prima dell'inizio del tempo.
Il fantasma che riconoscete
nelle vie attorno a casa vostra
è un corredo cromosomico smezzato
e così seguiterà ad amarvi
in modo sopportabile
con una fitta si piega in due
davanti a uno shampoo
che usavate uno scherzo che
ripetevate e si trascina via
non sarà mai troppo lontano o vicino.

Sono l'uomo del sogno a occhi aperti
il sogno di lunghi occhi aperti
la sua testa calma le spalle aperte
perno del mondo il collo lungo
senza muoversi di un millimetro
come nei sogni mi invita a seguirla
senza muoverci di un millimetro
e immobili gli occhi negli occhi
la seguo verso la porta aperta
chiaramente bianca di luce
dietro le sue spalle dentro
le mie spalle.
E il tempo?
È qui, si difende, mi chiede,
se durerò. È fatto così
e la risposta è no.

E senza rispondere
entrò.

Nel vano rifiuti del tuo nuovo stabile.

Per fare spazio spinge i cassonetti
recupera un cartone per il letto
fa scorrere la grata (avrà la chiave?)
dispone i suoi effetti personali
due flaconi, pastiglie e una bottiglia
e forse come te il sosia si corica.

La notte

Rumore. Di motore. Per un'ora.
Quando alla fine scatti per mandarli
a fare in culo e tenerti la notte
ingranano la marcia e sono andati.
Sei solo in strada. Tanti auguri a te.
Sei lì in mutande e non sai dove gridare.

Ogni tanto ripeti una parola
in suono senza più significato
o, ogni occhio per sé, sfuochi la vista,
o ti scordi l'età, scordi il tuo nome,
o senti un sole freddo su una schiena,
il suo fantasma impresso sulla rètina.

Guarda Sisifo. Guarda il suo sentiero
di *s* dove si inerpica la *i*
con sulle spalle la sua pietra che
poi raggiunta la vetta della *f*
capitombola, rotola la *o*
bocca sgomenta e tutto è da rifare.

In una geografia di consonanti
diversa, è questo che accade in Ticino.
Le due *i* passatori di confini
che non la spuntano perché il confine
è il sasso che trasportano, miliare
e di miniera, merlo o palizzata.

E dove sono gli amici di un tempo,
delle albe insieme e delle sere dentro,
non trovi più nessuno quando torni –
l'estraniamento è lo stesso di sempre
ma ora che sei straniero lì, e qui,

l'assenza si giustifica, e i fantasmi.

Come rientrare un giorno al bar del cigno –
gli occhi stanano le sue curve lise –
batte ali di saluti o di battute –
niente si invola, una cicogna – come
quando *ciao bello* lo diceva a un altro
appoggiato con tutto il corpo al banco.

Dietro la grata del vano rifiuti
apre la mano il tuo sosia, saluta
e torna a costruire la sua tenda
contro la luce del mattino dopo –
domani è un altro ieri, e c'eri, e no,
come stanotte, qui, queste tue ombre.

T una vetta mozzata dalla frana
di pietre, massi e tronchi rovinati
a valle fino al greto del Ticino –
T un albero ciucciato dal crinale
che annega nel frastuono polveroso –
frana del Valegion e la sua eco –

su per quella pietraia porta un seme
Sisifo e porta un altro seme – anni
prima che spunti qualcosa che avrà
un sorrisino nike avrà la sua
disperata innocenza – un dente storto
la frana in faccia alla roccia rimasta –

la *T* cornice di finestra aperta –
i puntini delle *i* i suoi disegni
che saltano per primi – le altre linee
le scarificazioni sul suo corpo
in volo – *o* testa aguzza e liscia cade

Scorre la grata e uno dopo l'altro
tre sacchi dei rifiuti si rovesciano
per strada, i più ingombranti, o puzzolenti
o è un capriccio, che fa sentire a casa.
Si chiude dentro il sosia, e tu di fuori
in piedi come un albero, un lampione.

Mille km più a sud nel bosco
la luce muta di ora in ora. 5.00:
il muro di alberi è una spugna viva
che tutto assorbe e desidera. 6.00:
i primi colori non visti ma uditi,
chiamate dai minareti dei pini.

7.00: ogni macchia recesso e contorno,
valle, ha una sua consistenza, un suo peso.
È allora che se il sole è ancora estivo
si riversa dall'alto ma tra gli aghi
l'ombra è più fitta della luce – è un'ora
quella in cui non si sa a chi si appartiene.

Alle 8 un nome batte dentro il battito
nel petto come nei suoi colpi d'ala
il verso di un uccello scuro – allarme
sopra la linea degli alberi – taglia
l'orizzonte; così la motosega
si mette in moto quasi carezzevole,

convincente finché l'albero crolla
e se non vedi niente senti a quanta
prossimità di rami strappa i rami.

Come gli amici malati, come *i*
accompagnate per quanto possibile
dai consonantici medici lungo
la curva d'*o* che volta dopo volta

può accentuarsi nella prima persona
singolare al futuro oppure no.

Sei qui. Dietro la tenda tra i rifiuti
il sosia parla pacato, da solo,
alla terza persona e è uomo e è donna –
quello stranito mezzo nudo in strada
in piedi nella luce bianca dei
loveless lampioni sei tu. Tu. Con me.

Guarda il Ticino, quelle sue due *i*
i due individui, le prime persone,
due alterità che pronunciano *io*.
Tu sei la prima, *ti*, io la seconda,
ci, ci completa il *no*. Ricominciamo.
Ma se, meiosi e incrocio esterno, c'eri

e no, se ci riesco e non ti spiace
e in questo istante notturno mi credi,
abitiamo nel Cantone Tiamo.
Dammi la mano, tutto è da rifare.
Mi dai la mano e un'anima, o mi dici
qualcosa, e ora possiamo separarci.

Ringraziamenti

Ringrazio la Fondazione svizzera per la cultura Pro Helvetia per la borsa letteraria 2015, e le residenze per scrittore Haus am See e Kurs per avermi invitato a Horw e a Spalato: il loro sostegno mi ha aiutato a portare a termine questo libro; e ringrazio Mimma Orelli, un suo consiglio mi ha aiutato a iniziarlo.

Indice

Notizia biografica

Vanni Bianconi, nato a Locarno nel 1977, vive a Londra. È l'ideatore e direttore artistico del festival di letteratura e traduzione Babel ed è tra i creatori della rivista multilingue «Specimen. The Babel Review of Translations» (www.specimen.press). Traduce da più lingue, tra i titoli tradotti ricordiamo *Voce da una nube* di Denton Welch per Casagrande, *Oratorio di Natale* di W.H. Auden (Premio Marazza 2012) e *Poesie del Mississippi* di William Faulkner per Transeuropa, *Honolulu* e *Storie ciniche* di W. Somerset Maugham per Adelphi. Le sue poesie, pubblicate in riviste e antologie, sono state tradotte in inglese, russo, polacco, arabo, spagnolo, francese, tedesco, ungherese e croato. Nel 2016 l'editore polacco słowo/obraz terytoria ha pubblicato l'antologia *Wymówisz moje imię – Pronuncerai il mio nome* a cura di Joanna Wajs, e nel 2018 la casa editrice Russkij impuls pubblicherà un'antologia russa a cura di Sergey Durasov. La sua prima silloge poetica, *Faura dei morti*, è apparsa nell'*Ottavo quaderno italiano* di Marcos y Marcos nel 2004. Per Casagrande ha pubblicato *Ora prima. Sei poesie lunghe* (2008, Premio Schiller incoraggiamento) e *Il passo dell'uomo* (2012, finalista al premio European Poet of Freedom 2016). Con Humboldt Books ha pubblicato, in inglese, il saggio narrativo *London as a Second Language* (2016).

Versanti

Fabiano Alborghetti, *Registro dei fragili*
Daniele Bernardi, *Gabbie per belve*
Yari Bernasconi, *Nuovi giorni di polvere*
Donata Berra, *A memoria di mare*
Donata Berra, *Santi quattro coronati*
Vanni Bianconi, *Il passo dell'uomo*
Vanni Bianconi, *Ora prima. Sei poesie lunghe*
Vanni Bianconi, *Sono due le parole che rimano in ore*
Giovanni Bonalumi, *Album*
Matteo Campagnoli, *In una notte fortunata*
Ugo Canonica, *Gherengh garangh*
Ugo Canonica, *R imbiugh*
Massimo Daviddi, *L'oblio sotto la pianta*
De Marchi, Di Stefano (cur.), *Per Giorgio Orelli*
Pietro De Marchi, *La carta delle arance*
Pietro De Marchi, *Parabole smorzate*
Pietro De Marchi, *Replica*
Vico Faggi, *Poetando cose*
Vince Fasciani, *Il mondo di profilo*
Vince Fasciani, *L'odore umano della pietra*
Vince Fasciani, *Punto d'appoggio*
Remo Fasani, *Da Goethe a Nietzsche*
Remo Fasani, *Il vento del Maloggia*
Remo Fasani, *Le poesie 1941-86*
Remo Fasani, *Sonetti morali*
Remo Fasani, *Un luogo sulla terra*
Massimo Gezzi, *Uno di nessuno.*
Storia di Giovanni Antonelli, poeta
Gibellini, Loi, Sanga, Zanzotto, *La filigrana del dialetto*
Elda Guidinetti, *Il cortile interno esterno*
Gilberto Isella, *Le vigilie incustodite*
Adolfo Jenni, *Mia cara giardiniera*
Adolfo Jenni, *Poesie e quasi poesie*
Silvana Lattmann, *Assolo per tromba in fa maggiore*
Silvana Lattmann, *Deianira*
Silvana Lattmann, *Fessura*
Silvana Lattmann, *Il viaggio*
Pierre Lepori, *Qualunque sia il nome*
Fabio Muggiasca, *Canto sacro e profano*
Alberto Nessi, *Blu cobalto con cenere*
Alberto Nessi, *Il colore della malva*

Alberto Nessi, *Ladro di minuzie*
Alberto Nessi, *Rasoterra*
Giovanni Orelli, *Concertino per rane*
Dubravko Pušek, *La stanza dei morti*
Fabio Pusterla, *Concessione all'inverno*
Stefano Raimondi, *La città dell'orto*
Charles. F. Ramuz, *La separazione delle razze*
Antonio Rossi, *Ricognizioni*
Fabrizio Scaravaggi, *Pure sviste. Racconti*

Impaginato dalle Edizioni Casagrande
e stampato da Salvioni arti grafiche,
Bellinzona, ottobre 2017